Faune et de la forêt
à colorier

Illustrations : Jenny Cooper

Maquette : Nelupa Hussain
Texte : Susan Meredith
Traduction : Jean-Noël Chatain

La jacinthe et la primevère sauvages

Ces deux plantes poussent dans les forêts d'Europe.

La tige de la jacinthe se courbe sous le poids de ses fleurs.

Ces plantes fleurissent au printemps, où elles profitent de l'ensoleillement. En été, le feuillage des arbres leur cache le soleil.

Dans les contes populaires, les « clochettes » des jacinthes tintent pour rassembler les fées.

Les jacinthes exhalent un parfum soutenu et sucré.

Les primevères comptent parmi les premières floraisons du printemps.

Cinq pétales dans deux tons de jaune

Le tamia rayé

Le tamia rayé appartient à la famille des écureuils. Il vit dans les forêts situées à l'est de l'Amérique du Nord.

Il stocke de la nourriture dans ses abajoues (chaque poche située entre la joue et la mâchoire), puis va la cacher dans son terrier.

En hiver, le tamia ne se réveille qu'environ une fois toutes les deux semaines pour se nourrir en puisant dans ses provisions.

Le houx

Il existe plus de 400 variétés de houx. Celle-ci est le houx commun qui pousse dans toute l'Europe.

Les oiseaux se mettent à l'abri dans le houx qui, grâce à ses feuilles piquantes, les protège des prédateurs.

Cet oiseau s'appelle un jaseur boréal.

Épine

Les baies rouges du houx sont toxiques pour les humains, mais pas pour les oiseaux, qui en raffolent.

Le houx garde ses éclatantes feuilles vert foncé toute l'année.

Le revers des feuilles est d'un ton plus clair.

Sur certains houx, les feuilles sont ourlées d'un bord étroit, plus pâle.

Le geai bleu

Cet oiseau vit en Amérique centrale et à l'est de l'Amérique du Nord.

En automne, on voit souvent le geai bleu dans les chênes, dont il adore manger les glands.

Son bec robuste lui permet de casser les fruits à coque et de manger graines et céréales.

Le plumage de sa queue et de ses ailes est parfois d'un bleu turquoise plus prononcé que son corps.

Cet oiseau bruyant imite parfois le cri du faucon pour faire fuir les prédateurs.

L'amanite tue-mouches

Ce champignon vénéneux pousse sous les bouleaux et les épicéas. Il se nourrit des racines des arbres, qui eux puisent l'eau des champignons.

Les jeunes amanites tue-mouches ont un chapeau arrondi.

Les amanites adultes ont un chapeau plus large et plus plat.

Ces points blancs s'appellent des « verrues ».

Les verrues disparaissent parfois sous la pluie.

Feuilles de bouleau

Jadis, les gens empoisonnaient les mouches avec ces champignons, qu'ils mélangeaient à du lait. Les mouches mouraient après avoir aspiré le lait.

Le passerin nonpareil

Le mâle de cette espèce est l'oiseau le plus étonnant du sud des États-Unis.

Son plumage présente des couleurs si vives qu'on les croirait peintes à la main.

Ces oiseaux très timides ont tendance à se cacher dans les buissons.

Les mâle roucoulent.

Il se battent férocement contre les autres oiseaux qui s'approchent de leur nid.

Avec leurs couleurs moins vives, les femelles sont plus difficiles à repérer dans les feuillages.

Les jeunes passerins sont verts, comme les femelles, ce qui les protège des prédateurs.

Le grand-renard

Le grand-renard est un papillon qui apparaît en Europe au printemps et à la fin de l'été.

Ceux-ci boivent le nectar sucré de ces groupes de fleurs appelés chatons.

Ses motifs éblouissants font fuir les prédateurs.

Les reflets bleus de ses ailes postérieures effraient l'ennemi.

Le grand-renard possède quatre taches noires sur cette partie de ses ailes antérieures.

L'érable à sucre

L'érable d'Amérique du Nord et du Japon est célèbre pour la variété de ses couleurs d'automne.

Chaque feuille a trois nervures principales.

L'érable est si répandu au Canada que sa feuille orne le drapeau de ce pays.

L'érable à sucre sert à produire du sirop d'érable.

Le lepture tacheté

Cet insecte vit en bordure des larges sentiers dans les forêts européennes.

Il pond ses œufs dans les vieilles souches et les vieux rondins.

Il possède de longues antennes semblables à des cornes.

Il a aussi de longues pattes.

Le lepture boit le nectar sucré des fleurs sauvages.

Avec ses motifs jaunes et noirs, il ressemble à une guêpe, ce qui peut faire fuir les prédateurs.

Le pic-vert

Cet oiseau vit dans les forêts d'Europe et d'Asie occidentale.

Ses grandes plumes vertes lui permettent de se cacher dans l'herbe et les feuillages. Ainsi, il est à l'abri des prédateurs comme le faucon.

À l'aide de son bec pointu et robuste, il creuse son nid dans les troncs d'arbres.

Il se nourrit de fourmis – environ 2 000 par jour, qu'il chasse dans l'herbe des clairières.

Le daim

Cet animal timide vit surtout dans les forêts d'Europe.

Seul le mâle possède des bois plats, dont la forme est appelée une palmure.

Au printemps, ses bois tombent, avant de repousser, plus grands d'année en année.

Rayure le long du dos et de la queue

Écusson (motif de fer à cheval) autour de la queue

Le daim se nourrit d'herbe et des feuilles situées en bas des arbres.

Sa robe d'été est tachetée comme celle-ci.

En hiver, sa robe devient plus foncée et les taches disparaissent presque entièrement.

La femelle du daim s'appelle la daine.

La grenouille léopard

Cette grenouille est tachetée comme les léopards. Elle vit dans les forêts humides et herbeuses d'Amérique du Nord.

Cette grenouille se déplace très vite. Elle saute dans les broussailles ou dans l'eau pour échapper aux prédateurs.

La plupart de ces grenouilles sont vertes ou marron, comme celles-ci, mais certaines sont bicolores.

Leur couleur leur permet de se cacher dans la forêt.

Le grand mars changeant

Ce papillon vole à la cime des arbres, dans les forêts européennes.

Il est principalement marron, mais les mâles présentent des reflets violets au soleil.

Mâle ou femelle, le revers de ses ailes est quasi identique.

Les grosses taches (ocelles) sur les ailes ressemblent à des yeux et font fuir les prédateurs.

Ce papillon utilise sa longue trompe jaune pour aspirer le miellat, un liquide visqueux présent sur le revers des feuilles.

Le mâle aspire aussi les sels et les minéraux des flaques d'eau boueuse et des déjections animales.

La coccinelle à ocelles

Cette coccinelle vit dans les forêts de conifères d'Amérique du Nord, d'Europe et d'Asie.

Ses couleurs vives et ses motifs préviennent les prédateurs qu'elle a mauvais goût.

Elle doit son nom aux ocelles : des taches noires cerclées de blanc qui ressemblent à des yeux.

Marque noire en forme de « M »

Elle est utile aux conifères, car elle mange leurs parasites, les pucerons lanigères.

Elle peut posséder jusqu'à 22 ocelles.

Puceron lanigère

Pomme de pin

Le polypore versicolore

Ce champignon ressemble un peu à la queue d'un dindon déployée.

Ses « anneaux » se déclinent dans tous les tons de gris et de marron, mais parfois aussi en violet ou en rouge.

On trouve des polypores versicolores dans le monde entier, sur les arbres morts ou malades.

Les zones vertes sont du lichen qui a poussé sur les champignons et l'arbre.

Ce champignon puise sa nourriture dans l'arbre.

Il se développe en étages superposés, comme imbriqués les uns dans les autres.

Conseils et astuces de coloriage

Tu peux utiliser des crayons de couleur, des feutres ou de l'aquarelle. Si tu travailles à l'aquarelle, glisse un carton fin sous la page pour éviter d'imprégner le reste du livre.

Crayons de couleur

Ils permettent de varier les effets et de réaliser des dégradés.

Pour colorier les grandes surfaces, fais des hachures dans le même sens.

Pour les dégradés, appuie bien dans les parties foncées, puis de moins en moins fort à mesure que la couleur s'éclaircit.

Tu peux fondre différentes couleurs en superposant les dégradés.

Feutres

Tu peux les utiliser pour les couleurs franches, sans trop de dégradés.

Utilise une pointe fine pour les détails.

Aquarelle

Plus tu ajoutes de l'eau, plus la couleur est claire. Moins tu en ajoutes, plus elle est foncée.

Attends que la couleur sèche, avant d'en appliquer une autre.

Les couleurs encore humides se mélangent.

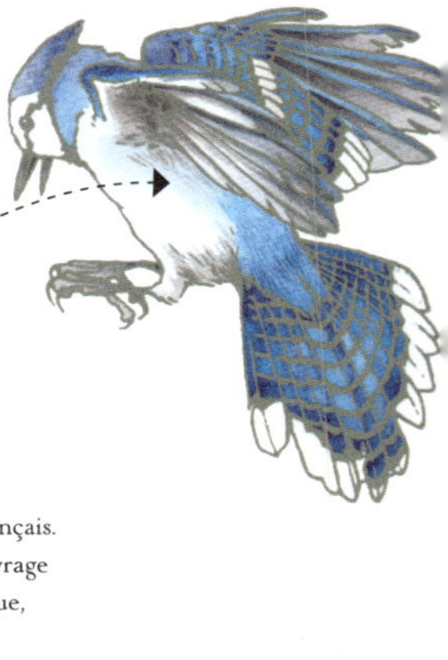

Remerciements à Margaret et John Rostron
Manipulation numérique : Nick Wakeford